ARTICLES PRÉLIMINAIRES

DE PAIX

ENTRE

LE ROI,

LE ROI D'ESPAGNE

ET

LE ROI DE LA GRANDE-BRETAGNE.

Signés à Fontainebleau le 3 Novembre 1762.

A PARIS,

DE L'IMPRIMERIE ROYALE.

M. DCCLXII.

ARTICLES PRÉLIMINAIRES
DE PAIX

Entre LE ROI, le Roi d'ESPAGNE & le Roi de la GRANDE-BRETAGNE.

Signés à Fontainebleau le 3 Novembre 1762.

Au nom de la très - sainte Trinité.

LE Roi Très - Chrétien & le Roi de la Grande-Bretagne, animés du defir réciproque de rétablir entr'eux l'union & la bonne intelligence, tant pour le bien de l'humanité en général, que pour celui de leurs Royaumes, États & Sujets respectifs, ayant réfléchi peu après la rupture entre l'Espagne & la Grande-Bretagne, sur l'état de la négociation de l'année passée, qui malheureusement n'a pas eu l'effet qu'on s'en étoit promis, ainsi que sur les points en dispute entre les Couronnes d'Espagne & de la Grande Bretagne, Leurs Majestés Très - Chrétienne & Britannique ont entamé une correspondance pour chercher les moyens d'ajuster les différends qui subsistent entre Leursdites Majestés. En mêmetemps le Roi Très-Chrétien ayant fait part au Roi d'Espagne de ces heureuses dispositions, Sa Majesté Catholique s'est trouvée animée du même zèle pour le bien de l'humanité & celui de ses sujets ; & résolue à étendre & multiplier les fruits de la paix, par son concours à de si louables intentions. En conséquence, Leurs Majestés Très-Chrétienne, Catholique, & Britannique ayant mûrement considéré tous les points ci-dessus, ainsi que les différens évènemens survenus pendant le cours de la présente négociation, sont convenues, d'un commun accord, des articles ci-après, qui serviront de base au Traité de paix futur : à l'effet de quoi Sa Majesté Très - Chrétienne a nommé & autorisé le sieur César-Gabriel de Choiseul, Duc de Praslin, Pair de France, Chevalier de ses Ordres, Lieutenant général de ses armées, Conseiller en tous ses Conseils, & Ministre & Secrétaire d'État, & de ses Commandemens & Finances : Sa Majesté Catholique, Dom Jérome Grimaldi, Marquis de Grimaldi, Chevalier des Ordres du Roi Très-Chrétien, Gentilhomme de la Chambre de Sa Majesté Catholique, avec exercice, & son Ambassadeur extraordinaire près de Sa Majesté Très-Chrétienne : Et Sa Majesté Britannique a pareillement nommé & autorisé le sieur Jean, Duc & Comte de Bedford, Marquis de Tavistock, &c. &c. Ministre d'État du Roi de la Grande-Bretagne, Lieutenant général de ses armées, Garde de son Sceau privé, Chevalier du très-noble Ordre de la Jarretière, & Ministre plénipotentiaire de Sa Majesté Britannique près de Sa Majesté Très-Chrétienne : lesquels, après s'être dûement communiqués leurs pleins-pouvoirs en bonne forme, sont convenus des articles suivans :

ARTICLE PREMIER.

AUSSI-TÔT que les Préliminaires feront fignés & ratifiés, l'amitié fincère fera rétablie entre Sa Majefté Très-Chrétienne & Sa Majefté Britannique, & entre Sa Majefté Catholique & Sadite Majefté Britannique, leurs Royaumes, États & Sujets, par mer & par terre, dans toutes les parties du monde. Il fera envoyé des ordres aux armées & efcadres, ainfi qu'aux Sujets des trois Puiffances, de ceffer toute hoflilité, & de vivre dans la plus parfaite union, en oubliant le paffé, dont leurs Souverains leur donnent l'ordre & l'exemple ; & pour l'exécution de cet article, il fera donné, de part & d'autre, des paffeports de mer aux vaiffeaux qui feront expédiés pour en porter la nouvelle dans les

A iiij

possessions respectives des trois Puissances.

I I.

SA MAJESTÉ TRÈS-CHRÉTIENNE renonce à toutes les prétentions qu'Elle a formées autrefois, ou pû former à la nouvelle Écosse ou l'Acadie, en toutes ses parties, & la garantit toute entière, & avec toutes ses dépendances, au Roi de la Grande-Bretagne. De plus, Sa Majesté Très-Chrétienne cède & garantit à Sadite Majesté Britannique, en toute propriété, le Canada avec toutes ses dépendances, ainsi que l'isle du Cap-Breton, & toutes les autres Isles dans le golfe & fleuve Saint-Laurent, sans restriction, & sans qu'il soit libre de revenir, sous aucun prétexte, contre cette cession & garantie, ni de troubler la Grande-Bretagne dans les possessions sus-mentionnées. De

fon côté, Sa Majefté Britannique convient d'accorder aux habitans du Canada la liberté de la religion Catholique ; en conféquence Elle donnera
les ordres les plus précis & les plus
effectifs, pour que fes nouveaux fujets
Catholiques Romains puiffent profeffer
le culte de leur Religion, felon le rit
de l'Églife Romaine, en tant que le
permettent les loix de la Grande-Bretagne. Sa Majefté Britannique convient
en outre que les habitans françois, ou
autres, qui auroient été Sujets du Roi
Très-Chrétien en Canada, pourront
fe retirer, en toute fûreté & liberté,
où bon leur femblera, & pourront
vendre leurs biens, pourvû que ce foit
à des Sujets de Sa Majefté Britannique,
& tranfporter leurs effets, ainfi que
leur perfonne, fans être gênés dans leur
émigration, fous quelque prétexte que

ce puiſſe être, hors celui de dettes,
ou de procès criminels ; le terme limité pour cette émigration étant fixé
à l'eſpace de dix-huit mois, à compter
du jour de la ratification du Traité
définitif.

III.

Les Sujets de la France auront la
liberté de la pêche & de la ſécherie
ſur une partie des côtes de l'iſle de
Terre-neuve, telle qu'elle eſt ſpécifiée
par l'article XIII du Traité d'Utrecht,
lequel article ſera confirmé & renou-
velé par le prochain Traité définitif,
à l'exception de ce qui regarde l'iſle
du Cap-Breton, ainſi que les autres
iſles dans l'embouchûre & dans le
golfe Saint-Laurent. Et Sa Majeſté
Britannique conſent de laiſſer aux Sujets du Roi Très-Chrétien la liberté
de pêcher dans le golfe Saint-Laurent,

à condition que les Sujets de la France n'exercent ladite pêche qu'à la diſtance de trois lieues de toutes les côtes appartenantes à la Grande-Bretagne, ſoit celles du Continent, ſoit celles des iſles ſituées dans ledit golfe Saint-Laurent; & pour ce qui concerne la pêche hors dudit golfe, les Sujets de Sa Majeſté Très-Chrétienne ne l'exerceront qu'à la diſtance de quinze lieues des côtes de l'iſle du Cap-Breton.

IV.

LE ROI de la Grande-Bretagne cède les iſles de Saint-Pierre & de Miquelon, en toute propriété, à Sa Majeſté Très-Chrétienne, pour ſervir d'abri aux pêcheurs françois; & Sadite Majeſté s'oblige, ſur ſa parole royale, à ne point fortifier leſdites iſles, à n'y établir que des bâtimens civils, pour la commodité de la pêche, & à n'y entretenir qu'une garde de cinquante hommes pour la police.

V.

LA ville & le port de Dunkerque seront mis dans l'état fixé par le dernier Traité d'Aix-la-Chapelle, & par les Traités antérieurs. La cunette subsistera telle qu'elle est aujourd'hui, pourvû que les Ingénieurs Anglois, nommés par Sa Majesté Britannique, & reçûs à Dunkerque par ordre de Sa Majesté Très - Chrétienne, vérifient que cette cunette n'est utile que pour la salubrité de l'air & la santé des habitans.

V I.

AFIN de rétablir la paix sur des fondemens solides & durables , & écarter pour jamais tout sujet de dispute par rapport aux limites des territoires François & Britanniques sur le

continent de l'Amérique, il est convenu qu'à l'avenir les confins entre
les États de Sa Majesté Très-Chrétienne & ceux de Sa Majesté Britannique, en cette partie du monde, seront
irrévocablement fixés par une ligne
tirée au milieu du fleuve Mississipi,
depuis sa naissance jusqu'à la rivière
d'Iberville, & de-là, par une ligne tirée
au milieu de cette rivière & des lacs
Maurepas & Pontchartrain, jusqu'à la
mer; & à cette fin, le Roi Très-Chrétien cède en toute propriété & garantit
à Sa Majesté Britannique, la rivière
& le port de la Mobile, & tout ce
qu'il possède ou a dû posséder du côté
gauche du fleuve Mississipi, à l'exception de la ville de la Nouvelle-Orléans
& de l'Isle, dans laquelle elle est située,
qui demeureront à la France; bien
entendu que la navigation du fleuve

Miſſiſſipi ſera également libre , tant aux Sujets de la Grande-Bretagne, comme à ceux de la France , dans toute ſa largeur & dans toute ſon éten-due, depuis ſa ſource juſqu'à la mer, & nommément cette partie qui eſt entre la ſuſdite iſle de la Nouvelle-Orléans & la rive droite de ce fleuve, auſſi-bien que l'entrée & la ſortie par ſon embouchûre. Il eſt de plus ſtipulé que les bâtimens appartenans aux Su-jets de l'une ou l'autre Nation , ne pourront être arrêtés , viſités , ni aſſu-jétis au payement d'aucun droit quel-conque. Les ſtipulations inférées dans l'article II en faveur des habitans du Canada, auront lieu de même pour les habitans des pays cédés par cet article.

V I I.

Le Roi de la Grande-Bretagne

restituera à la France les isles de la Guadeloupe, de Marie-Galante, de la Desirade, de la Martinique & de Belle-isle; & les places de ces isles seront rendues dans le même état, où elles étoient, quand la conquête en a été faite par les armes Britanniques; bien entendu que le terme de dix-huit mois, à compter du jour de la ratification du Traité définitif, sera accordé aux Sujets de Sa Majesté Britannique, qui se seroient établis dans lesdites isles & autres endroits restitués à la France par le Traité définitif, de vendre leurs biens, recouvrer leurs dettes, & de transporter leurs effets, ainsi que leur personne, sans être gênés, à cause de leur Religion, ou sous quelque autre prétexte que ce puisse être, hors celui de dettes, ou de procès criminels.

V I I I.

LE ROI Très-Chrétien cède & garantit à Sa Majesté Britannique, en toute propriété, les isles de la Grenade & les Grenadins, avec les mêmes stipulations en faveur des habitans de cette colonie, insérées dans l'article II pour ceux du Canada; & le partage des isles, appelées Neutres, est convenu & fixé, de manière que celles de St Vincent, la Dominique & Tabago, resteront en toute propriété à l'Angleterre, & que celle de Ste Lucie sera remise à la France, pour en jouir pareillement en toute propriété; les deux Couronnes se garantissant réciproquement le partage ainsi stipulé.

I X.

SA MAJESTÉ Britannique restituera à la France l'isle de Gorée, dans l'état où elle s'est trouvée quand elle a été conquise;

conquife; & Sa Majefté Très-Chrétienne cède en toute propriété, &
garantit au Roi de la Grande-Bretagne
le Sénégal.

X.

D A N S les Indes orientales, la
Grande-Bretagne reftituera à la France,
les différens comptoirs qu'avoit cette
Couronne fur la côte de Coromandel,
ainfi que fur celle de Malabar, auffi-
bien que dans le Bengale, au commencement des hoftilités entre les deux
Compagnies, dans l'année 1749, dans
l'état où ils font aujourd'hui, à condition que Sa Majefté Très-Chrétienne
renonce aux acquifitions qu'Elle a
faites fur la côte de Coromandel, depuis ledit commencement des hoftilités entre les deux Compagnies, dans
l'année 1749. Sa Majefté Très-Chrétienne reftituera de fon côté tout ce

qu'Elle pourra avoir conquis fur la
Grande - Bretagne , aux Indes orientales, pendant la préfente guerre: &
Elle s'engage auffi à ne point ériger
de fortifications, & à n'entretenir au-
cunes troupes dans le Bengale.

X I.

L'Isle de Minorque fera reftituée
à Sa Majefté Britannique, ainfi que le
fort Saint - Philippe, dans le même
état où ils fe font trouvés, lorfque la
conquête en a été faite par les armes
du Roi Très - Chrétien, & avec l'artillerie qui y étoit, lors de la prife de
ladite ifle & dudit Fort.

X I I.

La France reftituera tous les pays
appartenans à l'Électorat d'Hanovre,
au Landgrave de Heffe, au Duc de
Brunfwik & au Comte de la Lippe-
Buckebourg, qui fe trouvent, ou fe

trouveront occupés par les armes de
Sa Majefté Très - Chrétienne. Les
places de ces différens pays feront
rendues dans le même état où elles
étoient quand la conquête en a été
faite par les armes Françoifes ; & les
pièces d'artillerie, qui auront été tranf-
portées ailleurs, feront remplacées par
le même nombre, de même calibre,
poids & métal. Pour ce qui eft des
ôtages exigés ou donnés pendant la
guerre & jufqu'à ce jour, ils feront
renvoyés fans rançon.

XIII.

APRÈS la ratification des Préliminaires, la France évacuera, auffi - tôt
que faire fe pourra, les places de
Clèves, Wefel & Gueldres, & géné-
ralement tous les pays appartenans au
Roi de Pruffe : & au même temps
les armées Françoife & Britannique

évacueront tous les pays qu'elles occupent, ou pourroient occuper pour
lors, en Westphalie, Basse-Saxe, sur
le Bas - Rhin, le Haut - Rhin, & dans
tout l'Empire, & se retireront chacune
dans les États de leurs Souverains respectifs; & Leurs Majestés Très-Chrétienne & Britannique s'engagent de
plus & se promettent de ne fournir
aucun secours, dans aucun genre, à
leurs Alliés respectifs, qui resteront
engagés dans la guerre actuelle en
Allemagne.

X I V.

LES villes d'Ostende & de Nieu-
port, seront évacuées par les troupes
de Sa Majesté Très-Chrétienne, aussi-
tôt après la signature des présens préliminaires.

X V.

LA décision des prises faites, en

temps de paix, par les Sujets de la Grande-Bretagne fur les Efpagnols, fera remife aux Cours de juftice de l'Amirauté de la Grande-Bretagne, conformément aux règles établies parmi toutes les Nations; de forte que la validité defdites prifes entre les nations Efpagnole & Britannique fera décidée & jugée felon le droit des Gens & felon les Traités, dans les Cours de juftice de la Nation qui aura fait la capture.

X V I.

SA MAJESTÉ Britannique fera démolir toutes les fortifications que fes Sujets pourront avoir érigées dans la baie de Honduras, & autres lieux du territoire d'Efpagne dans cette partie du monde, quatre mois après la ratification du Traité définitif; & Sa Majefté Catholique ne permettra point

à l'avenir que les Sujets de Sa Majesté
Britannique, ou leurs ouvriers, soient
inquiétés ou molestés, sous aucun prétexte que ce soit, dans leur occupa-
tion de couper, charger & transporter
le bois de teinture ou de campéche ;
& pour cet effet ils pourront bâtir sans
empêchement, & occuper sans inter-
ruption les maisons & les magasins qui
seront nécessaires pour eux, pour leurs
familles & pour leurs effets ; & Sadite
Majesté Catholique leur assure par cet
article l'entière jouissance de ce qui
est stipulé ci-dessus.

XVII.

SA MAJESTÉ Catholique se désiste
de toute prétention qu'Elle peut avoir
formée au droit de pêcher aux envi-
rons de l'isle de Terre-neuve.

XVIII.

LE ROI de la Grande-Bretagne

restituera à l'Espagne tout ce qu'il a conquis dans l'isle de Cuba, avec la place de la Havane; & cette place, aussi-bien que toutes les autres places de ladite isle, seront rendues dans le même état où elles étoient, quand elles ont été conquises par les armes de Sa Majesté Britannique.

X I X.

EN conséquence de la restitution stipulée dans l'article précédent, Sa Majesté Catholique cède & garantit, en toute propriété, à Sa Majesté Britannique tout ce que l'Espagne possède sur le continent de l'Amérique septentrionale, à l'est ou au sud-est du fleuve Mississipi; & Sa Majesté Britannique convient d'accorder aux habitans de ce pays ci-dessus cédé, la liberté de la Religion catholique, en conséquence elle donnera les ordres

les plus précis & les plus effectifs,
pour que ses nouveaux Sujets Catholiques Romains puissent professer le
culte de leur Religion selon le Rit de
l'église Romaine, en tant que le permettent les loix de la Grande-Bretagne.
Sa Majesté Britannique convient en
outre que les habitans Espagnols ou
autres, qui auroient été sujets du Roi
Catholique dans lesdits pays, pourront
se retirer en toute sûreté & liberté,
où bon leur semblera, & pourront
vendre leurs biens, pourvû que ce soit
à des Sujets de Sa Majesté Britannique,
& transporter leurs effets, ainsi que
leur personne, sans être génés dans
leur émigration, sous quelque prétexte
que ce puisse être, hors celui de dettes,
ou de procès criminels; le terme limité
pour cette émigration étant fixé à l'espace de dix-huit mois, à compter du

jour de la ratification du Traité définitif. Il est de plus stipulé que Sa Majesté Catholique aura la faculté de faire
transporter tous les effets qui peuvent
lui appartenir, soit artillerie ou autres.

X X.

LE ROI de Portugal, allié de Sa
Majesté Britannique, est spécialement
compris dans les présens articles préliminaires ; & Leurs Majestés Très-
Chrétienne & Catholique s'engagent
de rétablir l'ancienne paix & amitié
entre Elles & Sa Majesté Très-Fidèle ;
& Elles promettent :

1.° Qu'il y aura une cessation totale
d'hostilités entre les Couronnes d'Espagne & de Portugal, & entre les
troupes Françoises & Espagnoles d'une
part, & les troupes Portugaises & celles
de leurs Alliés, de l'autre, immédiatement après la ratification de ces Pré-

liminaires, & qu'il y aura une pareille cessation d'hostilités entre les forces respectives des Rois Très-Chrétien & Catholique, d'une part, & celles du Roi Très-Fidèle, de l'autre, en toutes les autres parties du monde, tant par terre que par mer, laquelle cessation sera fixée sur les mêmes époques, & sous les mêmes conditions, que celles entre la France, l'Espagne & la Grande-Bretagne, & continuera jusqu'à la conclusion du Traité définitif entre la France, l'Espagne, la Grande-Bretagne, & le Portugal.

2.° Que toutes les places & pays en Europe de Sa Majesté Très-Fidèle, qui pourront avoir été conquis par les armées Françoise & Espagnole, seront restitués dans le même état où elles étoient, quand la conquête en a été faite ; & qu'à l'égard des colonies Portugaises en Amérique, ou ailleurs, s'il y étoit arrivé quelque changement, toutes choses seront remises sur le même pied où elles étoient, avant la présente guerre. Et le Roi Très-Fidèle sera invité d'accéder aux présens articles Préliminaires, le plus tôt qu'il sera possible.

X X I.

Tous les pays & territoires qui pourroient avoir été conquis, dans quelque partie du monde que ce soit, par les armes de Leurs Majestés Très-Chrétienne & Catholique, ainsi que par celles de Leurs Majestés Britannique & Très-Fidèle, qui ne sont pas compris dans les présens articles, ni à titre de cessions, ni à titre de restitutions, seront rendus sans difficulté, & sans exiger de compensations.

XXII.

Comme il est nécessaire de désigner une époque fixe pour les restitutions & les évacuations à faire par chacune des Hautes Parties contractantes, il est convenu que les troupes Françoises & Britanniques procéderont immédiatement après la ratification des Préliminaires, à l'évacuation des pays qu'elles occupent dans l'Empire ou ailleurs, conformément aux articles XII & XIII.

L'isle de Belle-isle sera évacuée six semaines après la ratification du Traité définitif, ou plus tôt si faire se peut.

La Guadeloupe, la Desirade, Marie-galante, la Martinique & Sainte-Lucie, trois mois après la ratification du Traité définitif, ou plus tôt si faire se peut.

La Grande-Bretagne entrera pareillement au bout de trois mois après la ratification du Traité définitif, ou plus tôt si faire se peut, en possession de la rivière & du port de la Mobile, & de tout ce qui doit former les limites du territoire de la Grande-Bretagne, du côté du fleuve Mississipi, telles qu'elles sont spécifiées dans l'article VI.

L'isle de Gorée sera évacuée par la Grande-Bretagne, trois mois après la ratification du Traité définitif;

Et l'isle de Minorque par la France, à la même époque, ou plus tôt si faire se peut;

Et selon les conditions de l'article IV, la France entrera de même en possession des isles de Saint-Pierre & de Miquelon, au bout de trois mois.

Les Comptoirs aux Indes orientales seront rendus six mois après la ratification du Traité définitif, ou plus tôt si faire se peut.

L'isle de Cuba, avec la place de

la Havane , sera restituée trois mois
après la ratification du Traité définitif , ou plus tôt si faire se peut ;
Et en même temps la Grande-Bretagne entrera en possession du pays
cédé par l'Espagne, selon l'article XIX.

Toutes les places & pays de Sa
Majesté Très-Fidéle, en Europe, seront restituées immédiatement après
la ratification du Traité définitif ;
Et les Colonies portugaises , qui pourront avoir été conquises , seront restituées dans l'espace de trois mois , dans
les Indes occidentales , & de six mois,
dans les Indes orientales , après la
ratification du Traité définitif , ou
plus tôt si faire se peut ;
En conséquence de quoi les ordres
nécessaires seront envoyés par chacune
des Hautes Parties contractantes , avec
les passeports réciproques pour les

vaisseaux qui les porteront immédiatement après la ratification du Traité
définitif.

X X I I I.

TOUS les Traités, de quelque
nature que ce soit, qui existoient avant
la présente guerre, tant entre Leurs
Majestés Très-Chrétienne & Britannique, qu'entre Leurs Majestés Catholique & Britannique, aussi-bien
qu'entre aucune des Puissances ci-
dessus nommées, & Sa Majesté Très-
Fidèle, seront comme ils le sont effec-
tivement, renouvelés & confirmés
dans tous leurs points, auxquels il n'est
pas dérogé par les présens articles
préliminaires, nonobstant tout ce qui
pourroit avoir été stipulé au contraire
par aucune des Hautes parties contractantes ; & toutes lesdites Parties
déclarent qu'Elles ne permettront pas

qu'il subsiste aucun privilége, grace ou indulgence contraires aux Traités ci-dessus confirmés.

X X I V.

LES prisonniers faits respectivement par les armes de Leurs Majestés Très-Chrétienne, Catholique, Britannique, & Très-Fidèle, par terre & par mer, seront rendus après la ratification du Traité définitif, réciproquement & de bonne foi, sans rançon, en payant les dettes qu'ils auront contractées durant leur captivité ; & chaque Couronne soldera respectivement les avances qui auront été faites pour la subsistance & l'entretien de ses prisonniers par le Souverain du pays où ils auront été détenus, conformément aux reçus & états constatés, & autres titres authentiques qui seront fournis de part & d'autre.

XXV.

X X V.

POUR prévenir tous sujets de plaintes & de contestations qui pourroient naître à l'occasion des vaisseaux, marchandises, ou autres effets qui seroient pris par mer, on est convenu réciproquement que les vaisseaux, marchandises & effets qui seroient pris dans la Manche & dans les mers du Nord, après l'espace de douze jours, à compter depuis la ratification des présens articles préliminaires, seront de part & d'autre restitués réciproquement : Que le terme sera de six semaines pour les prises faites depuis la Manche, les mers Britanniques & les mers du Nord, jusqu'aux isles Canaries inclusivement, soit dans l'Océan, soit dans la Méditerranée, de trois mois depuis lesdites isles Canaries jusqu'à

C

la Ligne équinoctiale ou l'Équateur ; enfin de six mois, au-delà de ladite Ligne équinoctiale ou l'Équateur, & dans tous les autres endroits du monde, sans aucune exception, ni autre distinction plus particulière de temps & de lieu.

X X V I.

LES ratifications des présens articles préliminaires seront expédiées en bonne & dûe forme, & échangées dans l'espace d'un mois, ou plus tôt, si faire se peut, à compter du jour de la signature des présens articles.

EN foi de quoi, nous soussignés Ministres plénipotentiaires de Sa Majesté Très-Chrétienne, de Sa Majesté Catholique & de Sa Majesté Britannique, en vertu de nos plein-pouvoirs respectifs, avons signé les présens

articles préliminaires & y avons fait
appofer le cachet de nos armes.

FAIT à Fontainebleau le trois novembre mil fept cent foixante-deux.

CHOISEUL DUC DE PRASLIN. EL MARQUES DE GRIMALDI. BEDFORD C. P.S.
  (L. S.)   (L. S.)   (L. S.)

DÉCLARATION

fignée à Fontainebleau le 3 Novembre 1762.

SA MAJESTÉ TRÈS-CHRÉTIENNE
déclare qu'en accordant l'article XIII
des Préliminaires fignés cejourd'hui,
Elle n'entend pas renoncer au droit
d'acquitter fes dettes envers fes Alliés,
& qu'on ne doit pas regarder comme
une infraction audit article les remifes
qui pourroient être faites de fa part,
dans l'objet d'acquitter les arrérages
qui peuvent être dûs pour les fubfides
des années précédentes.

En foi de quoi, je fouffigné Miniftre

plénipotentiaire de Sa Majesté Très-
Chrétienne, ai signé la présente dé-
claration & y ai fait appofer le cachet
de mes armes.

FAIT à Fontainebleau le troisième
jour du mois de novembre mil fept
cent foixante-deux.

Signé CHOISEUL DUC DE PRASLIN.